Aider les enfants à reconnaître leurs émotions et à e>

MON CORPS M'ENVOIE UN SIGNAL

Écrit par
Natalia Maguire

Illustré par
Anastasia Zababashkina

ISBN : 978-3-9822799-2-3

Pour plus d'informations, veuillez contacter
Natalia Magvayr
Maguire Books
Parkstrasse 8, 22605 Hamburg, Allemagne

Visitez notre site internet sur : www.maguirebooks.com

Imprimé et relié pour la première fois aux USA.

Cher adulte,

Je suis ravie que vous ayez à coeur de rendre votre enfant plus confiant en lui permettant de construire des relations plus fortes tout en réussissant mieux à l'école. Ces compétences nécessitent une " régulation émotionnelle ", c'est-à-dire la capacité de reconnaître ses émotions, d'exprimer ses sentiments, de se calmer face à des émotions envahissantes et d'apprendre à traiter les autres avec empathie.

Comme nous les adultes, les enfants ont une large palette de sentiments. Ils peuvent être heureux, jaloux, écoeurés, en colère, nerveux, tristes, fiers, inquiets et excités. Mais lorsqu'ils sont très jeunes, ils ne possèdent tout simplement pas le vocabulaire pour exprimer leurs sentiments verbalement. Ils expriment leurs émotions par des crises de colère, du mimétisme, des mouvements et des gestes. Ces expressions sont souvent mignonnes et amusantes, mais parfois elles nous rendent chèvre !

Ce livre va vous aider à expliquer à vos enfants que les émotions, qui sont des signaux envoyés par le corps, sont liées aux sentiments. Ces sentiments, qu'ils soient positifs ou négatifs, sont tous parfaitement normaux, mais ils peuvent s'exprimer différemment.

Ce livre va également permettre à vos enfants d'enrichir leur vocabulaire en leur proposant différents mots pour exprimer leurs sentiments.

Pour finir, le livre propose des activités pratiques
pour prolonger le plaisir après la lecture.

J'espère que vos enfants aimeront cette histoire.

Je me sens...

ENTHOUSIASTE.

Sincèrement vôtre,
Natalia Maguire

boum

boum

brrr-brrr

Mon corps m'envoie de nombreux signaux
pour me dire comment je me sens. Parfois
je transpire, mon ventre gargouille, j'ai du mal
à respirer, mon cœur bat la chamade. Parfois
j'ai envie de sauter de joie, et ensuite j'ai
envie de hurler ou de pleurer.

Un jour, ma Maman m'a dit : " J'ai une jolie surprise pour toi ! Mais tu dois attendre jusqu'au déjeuner. "

Qu'est-ce que ça pouvait être ? J'étais impatient de le savoir.

Je me suis mis à marcher dans la maison, incapable de me concentrer sur quoi que ce soit. J'ai commencé à jouer avec mes cubes, mais mon cerveau ne voulait pas arrêter de penser à la surprise assez longtemps pour que je puisse construire un grand château. Puis, j'ai sorti mon circuit de train mais, sans que je sache pourquoi, le tchou-tchou ne m'amusait pas. Ensuite, j'ai essayé d'utiliser les outils de mon établi pour construire la plus belle voiture de course du monde, mais mon esprit n'arrêtait pas de se poser des questions à propos de la surprise que Maman avait prévue pour moi.

Mon cœur battait de plus en plus vite.

Ma peau me picotait.

J'avais des fourmis dans les jambes.

J'étais tellement EXCITÉ !

Maman m'a pris dans ses bras.
" Tu n'as plus longtemps à attendre ", a-t-elle dit.

C'est alors que j'ai entendu sonner à la porte. Maman m'a regardé en souriant. " Est-ce que tu veux ouvrir la porte ? " a-t-elle demandé.

Je me suis précipiét vers la porte et l'ai ouverte en grand.

Et là, les bras grands ouverts pour me faire un câlin, j'ai vu Mamie et Papi !

" Surprise ! " a dit Mamie avec un grand sourire. " Qui est ce grand garçon ? "

Mes yeux se sont mis à briller.

Un grand sourire a illuminé mon visage.

J'ai sauté de joie !

J'étais tellement CONTENT !

Mon Papi m'a demandé de lui montrer ce que j'avais appris
à l'école. Je lui ai montré les lettres que j'avais appris
à écrire, les livres que j'avais lus avec Maman et les dessins
que j'avais faits. Puis, je lui ai tendu le dragon que j'avais fait
en argile l'autre jour.

" C'est un cadeau pour toi Papi ! " lui ai-je dit.
" Il te plaît ? "

" S'il me plaît ? " s'est-il exclamé.
" Je l'ADORE ! C'est une œuvre d'art ! "

Je me suis redressé.
J'ai levé la tête.
Mes yeux brillaient.

Je me suis senti très FIER de moi !

Le lendemain, le temps était parfait pour une sortie et nous sommes allés au zoo. Le soleil brillait et tous les animaux profitaient de cette journée idéale.

Nous sommes d'abord allés voir les tigres. Nous nous trouvions derrière une grande vitre pour pouvoir bien les voir. Un gros tigre était allongé juste devant nous. Il paraissait endormi, ou peut-être qu'il se reposait simplement au soleil.

Deux garçons debout à côté de moi décidèrent d'embêter le tigre. Ils criaient, tapaient sur la vitre et faisaient des grimaces. Tout à coup... le tigre sauta pile en face de nous et se mit à rugir d'un air menaçant.

Mon cœur fit un bond.

Mes genoux tremblèrent.
Mes jambes devinrent faibles.

Je sentis un creux dans mon estomac.

J'avais envie de me cacher.

J'étais tellement EFFRAYÉ !

Ma Mamie me tira rapidement en arrière et me prit dans ses bras.

" C'est normal d'être effrayé ", dit Mamie. " J'ai eu peur moi aussi. "

Je soufflais un grand coup.
Mon cœur se remit à battre normalement.
Mes genoux arrêtérent de trembler.
Je redevins calme.

Je me sentais EN SÉCURITÉ.

Mais mes ennuis ne s'arrêtèrent pas là. Alors que nous quittions l'enclos des tigres, je sentis une odeur horrible. " D'où est-ce que ça vient ? " me demandai-je. C'est alors que je baissai les yeux et que je vis que j'avais marché dans un caca malodorant !!!! " Beurk ! " m'exclamai-je.

Mon nez se retroussa.

Ma lèvre supérieure se recourba.

Mon cœur fut pris de nausée.

Ma bouche se remplit de salive et je crus que j'allais vomir.

J'étais tellement DÉGOÛTÉ !

Papi me caressa le dos.
" Oh, mon chéri ", dit-il.
" Allons nettoyer tout ça. "

Ce fut la goutte d'eau qui fit déborder le vase. Je n'avais plus envie d'aller voir d'autres animaux. J'avais envie de rentrer à la maison. Quelle horrible journée !

J'essayai de l'en empêcher,
mais ma lèvre inférieure ne
pouvait pas s'arrêter de
trembler.

Tout mon corps s'affaissa.
Mes yeux s'embuèrent de larmes.
J'étais à deux doigts de pleurer.

J'étais très TRISTE.

De retour à la maison, les choses ne firent qu'empirer.

Il se trouve que ma sœur décida de jouer avec le robot que Mamie et Papi m'avaient offert. Elle le fit tomber de la table, il se fissura et cessa de fonctionner.

Je n'en pouvais plus.

Mes poings se serrèrent.

Mes épaules se tendirent.

Je poussai ma sœur et mis un
coup de pied dans cette stupide
table.
Et je me mis à hurler.

Je me sentais tellement EN COLÈRE.

" Oh, mon chéri ", dit Maman en me
prenant dans ses bras. " Je comprends
que tu sois bouleversé. Tu as le droit
d'être en colère. "

" Je pense que tu devrais prendre le temps
de te calmer. Et ensuite, nous discuterons
de la façon de réparer ton robot. " Puis,
Maman me conduisit dans ma chambre.

Plus tard, Maman m'appela pour descendre dîner.
Je n'avais pas vraiment envie de manger.

Mes joues devinrent rouges.
J'avais très chaud.

Mes mains tremblaient.
Je ne parvenais pas à lever la tête
et à regarder Mamie dans les yeux.

J'avais tellement **HONTE** de mon comportement.

" Je suis vraiment désolé ", dis-je.

Mamie me prit dans ses bras, me regarda dans les yeux, et dit : " Tu avais le droit d'être en colère. Et tu avais besoin de te défouler. Mais ce n'est pas bien de crier et de donner des coups de pied. Tu peux contrôler ta colère au lieu de la laisser te contrôler.

Je vais te donner quelques astuces pour le faire :

Tout d'abord, prends dix profondes respirations, inspire lentement par le nez et expire par la bouche en comptant 1, 2, 3, 4, 5, 6, 7, 8, 9, 10.

Au lieu de jeter ou de taper des choses à cause de ta colère, serre cette colère dans ton poing et tiens-la fermement. Ensuite, laisse-la s'échapper de ta main.

Au lieu de hurler et de dire des horreurs, dis juste : " Je suis très en colère ! "

Au lieu de frapper quelqu'un, quitte la pièce. Prends ton temps pour te calmer.

Ne laisse pas la colère te dominer ! Est-ce que tu me promets d'essayer la prochaine fois ? "

" Oui ", répondis-je.

" Je sais que tu vas y arriver ", dit Mamie en m'embrassant. " Tu es un garçon si intelligent. Je t'aime tellement ! "

Le lendemain matin, je me levai tard. Maman n'était pas venue me réveiller. Elle avait sûrement voulu que je récupère de tout ce stress vécu la veille. En me dirigeant vers le salon, j'entendis un bruit familier. Je compris immédiatement ce que c'était.

Je me précipitai dans la pièce. Oui ! J'avais vu juste : mon Papi était assis par terre et le robot marchait devant moi.

Je n'arrivais pas à en croire mes yeux !

Mes sourcils se levèrent.
Mes yeux s'écarquillèrent.

Ma bouche s'ouvrit en grand.

J'étais totalement SURPRIS !

Papi se mit à rire. " Tu vois, je l'ai réparé ! C'était juste un petit truc, rien de grave. Et voilà. Il marche parfaitement à nouveau. "

Je courus vers Papi et le serrai fort dans mes bras. Puis, je fis une danse rigolote autour du robot.

J'étais REMPLI DE JOIE !

Chaque jour, mon corps m'envoie
de nombreux signaux.

Tous ces signaux ont une signification.

Mon ventre gargouille pour me dire
que j'ai faim.

Ma bouche devient sèche pour me
dire que j'ai soif et qu'il est temps de
boire un peu d'eau.

Je baille quand j'ai sommeil ou que
je m'ennuie.

J'ai la chair de poule quand j'ai froid.

Je transpire quand j'ai chaud.

J'ai des papillons dans le ventre
quand je suis nerveux.

Je perçois tellement de ces sensations !

Et elles sont toutes

PARFAITEMENT NORMALES !

Te souviens-tu d'avoir eu peur ou honte, d'avoir été triste ou heureux ?

Partage ton expérience avec moi !
Demande à tes parents ou à ton instituteur de t'aider à trouver les bons mots !

Je me sens fier !
Je suis content de moi.

Je suis excité.
Je suis bouillant.
Je suis en feu.

Je suis surpris.
Je suis étonné.
Je suis stupéfait.
Je suis sous le choc.

Je me sens heureux !
Je suis content.
Je suis joyeux.
Je suis ravi.
Je me sens bien.

Je me sens en sécurité.
Je suis à l'aise.
Je suis en paix.

Je me sens
effrayé.
J'ai peur.
Je suis apeuré.
Je suis terrifié.

Je suis triste.
Je suis bouleversé.
Je me sens mal.
Je ne suis pas
content.
Je me sens
malheureux.

Je suis en colère.
Je suis furieux.
Je suis hors
de moi.
Je suis agacé.

J'ai honte.
Je suis déçu
de moi.

Je suis dégouté.
C'est écœurant !

Cher adulte,

Après avoir terminé l'histoire, vous pouvez jouer à un jeu avec votre enfant.
Ci-dessous, vous trouverez :

Des Cartes d'Émotions – images d'émotions,
Des Cartes de Sentiments – cartes avec des images de sentiments,
Des Histoires Courtes – textes qui décrivent des situations dans lesquelles des sentiments et des émotions peuvent survenir,
Des Pages de Coloriages.

Commencez avec les Cartes des Émotions et les Cartes des Sentiments.
Placez les Cartes des Émotions et les Cartes des Sentiments sur la table.
Demandez à votre enfant de relier les émotions (signaux que notre corps nous envoie) avec les sentiments (les significations qu'ont ces signaux). Vous pouvez utiliser le livre pour vérifier et voir si vous les reliez correctement. Toutefois, ces connexions varient d'une personne à l'autre, puisque chacun de nous vit ses émotions de manière différente.

Continuez avec les Histoires Courtes.
Lisez les histoires courtes et discutez avec votre enfant de comment les enfants, décrits dans ces histoires, peuvent se sentir. Trouvez les Cartes des Sentiments et les Cartes des Émotions qui correspondent. Si vous jouez avec plusieurs enfants, laissez-les faire chacun leur tour. Motivez les enfants en utilisant des synonymes pour décrire chaque sentiment.

Pour aller plus loin.
Placez les Cartes des Sentiments devant votre enfant et demandez-lui de créer des histoires avec des exemples où le sentiment sur la carte pourrait se produire.

Amusez-vous !

Veuillez aller sur www.maguirebooks.com pour télécharger
les cartes et les pages à colorier sous forme de fichiers.pdf.

MON CŒUR BAT DE
PLUS EN PLUS VITE.

MA PEAU ME PICOTE.

J'AI DES FOURMIS DANS LES JAMBES.

MES YEUX BRILLENT.

UN GRAND SOURIRE ÉCLAIRE
MON VISAGE.

JE SAUTE DE JOIE !

JE ME REDRESSE.

JE RELÈVE MA TÊTE.

MON CŒUR BAT
LA CHAMADE.

MES GENOUX TREMBLENT.

MES JAMBES SONT FAIBLES.

J'AI MAL AU VENTRE.

J'AI ENVIE
DE ME CACHER.

J'EXPIRE.

MES GENOUX NE
TREMBLENT PLUS.

JE ME CALME.

MON NEZ SE RETROUSSE.

MA LÈVRE SUPÉRIEURE
SE RECOURBE.

MA TÊTE SE SECOUE DE
GAUCHE À DROITE.

MA BOUCHE EST PLEINE DE SALIVE
ET JE CROIS QUE JE VAIS VOMIR.

MA LÈVRE INFÉRIEURE TREMBLE.

TOUT MON CORPS S'AFFAISSE.

J'AI LES LARMES AUX YEUX.
JE VAIS ME METTRE À PLEURER.

MES POINGS SE SERRENT.

MES ÉPAULES SE TENDENT.

J'AI ENVIE D'HURLER ET DE DONNER DES COUPS DE PIED.

MES JOUES DEVIENNENT ROUGES.

J'AI TRÈS CHAUD.

MES MAINS TREMBLENT.

JE N'ARRIVE PAS À LEVER
LA TÊTE ET À REGARDER LES
AUTRES DANS LES YEUX.

MES SOURCILS SE LÈVENT.

MES YEUX S'ÉCARQUILLENT.
MA BOUCHE S'OUVRE
EN GRAND.

HEUREUX

FIER

EFFRAYÉ

EN SÉCURITÉ

TRISTE

DÉGOUTÉ

EN COLÈRE

HONTEUX

EXCITÉ

SURPRIS

AFFAMÉ

ENNUYÉ

NERVEUX

JALOUX

TIMIDE

CONFUS

HISTOIRES COURTES

Marc aime jouer avec le sable et construire des châteaux de sable. Son papa lui achète un petit camion qui permet d'apporter le sable sur le lieu de construction du château. Marc est très fier de son camion. Un jour, alors qu'il joue sur la plage, un garçon vient vers lui, écrase son château et lui prend son camion. Quand Marc essaie de le reprendre, le garçon l'en empêche et essaie de mettre un coup de pied à Marc.

Comment penses-tu que Marc se sente ? Il est . . .

en colère

Félix et Jean sont deux frères qui adorent jouer au ballon. Mais leur Maman leur a toujours dit de ne jamais y jouer dans la maison.

" Vous pouvez jouer au ballon quand on sort se promener ", dit-elle toujours. " Dans la maison, vous pouvez casser quelque chose. "

Un jour, Maman est occupée à préparer le repas pendant que Félix et Jean sont seuls dans le salon.

" Et si on jouait au ballon pendant que Maman ne nous surveille pas ", propose Jean.

" Mais pas trop fort, ok ? " accepte Félix.

Alors, ils se mettent à jouer. Les garçons imaginent qu'ils jouent une finale de coupe du monde. Jusqu'à ce que... le ballon atteigne le vase préféré de Maman qui se trouve sur une petite table à côté du canapé. Le vase tombe et se brise en morceaux.

Maman entend le bruit et accourt dans la pièce.

Comment penses-tu que Félix et Jean se sentent ? Ils ont . . .

honte

La classe de Cathy étudie les insectes. Ils font une sortie au zoo. Ils se rendent d'abord dans le jardin aux papillons. Tous les papillons sont beaux, mais ils essaient d'éviter de se poser sur les mains de Cathy. C'est un peu énervant.

Ensuite, la classe va voir les araignées. Elles ne sont pas belles du tout. En fait, elles sont affreuses. L'une d'entre elles est particulièrement grosse et poilue.

" Aimeriez-vous la toucher ? " demande l'institutrice avec un sourire sur le visage.

" Non ! " s'exclament les enfants en reculant tous d'un pas.

Les enfants sont . . .

écœurés

Ce matin-là, Carla ne veut pas manger.

" Tu vas regretter de ne pas avoir pris un bon petit-déjeuner ", dit Maman. " Nous allons faire une longue promenade dans le parc. "

Mais Carla refuse de manger.

La balade dans le parc est géniale. Carla rencontre ses amis, Sam et Jacques, et ils jouent à cache-cache ensemble. Quand c'est le tour de Carla de se cacher, elle décide d'aller derrière le stand de hot-dogs à côté de l'aire de jeux. Alors que Carla se cache, son estomac se met à gargouiller. Elle ne peut penser à rien d'autre qu'à la bonne odeur des saucisses et du pain.

Quelle est la sensation de Carla, Carla est . . .

affamée

Leo est un très bon coureur. Quand sa Maman entend parler d'une compétition de course pour enfants, elle en parle immédiatement à Leo.

" Je pense que tu devrais tenter ta chance. Tu adores courir, pas vrai ? " dit Maman.

Leo est très impatient d'y participer. Chaque jour, il demande à son Papa de l'emmener courir afin qu'il soit bien préparé. Enfin arrive le jour de la grande course. Leo se lève tôt, fait quelques exercices d'étirements, mange un petit-déjeuner sain et enfile son équipement de course. Il est prêt à donner le meilleur de lui-même. Mais peut-il gagner ?

Leo court aussi vite qu'il peut. Il entend des enfants courir derrière lui et il sent que quelqu'un peut le dépasser d'un instant à l'autre. Mais personne ne le dépasse. À présent, Leo peut voir la ligne d'arrivée. Va-t-il gagner ? Leo n'est plus qu'à quelques mètres de la ligne quand, soudain, il tombe. Leo ressent une intense douleur dans la cheville gauche et ne peut pas se relever. Tout ce qu'il peut faire, c'est voir un autre garçon gagner la course et sauter de joie.

Comment penses-tu qu'Leo se sente ? Leo est . . .

triste

Franck et Emma sont impatients d'être au lendemain matin. C'est le réveillon de Noël et ils espèrent que le Père Noël va leur apporter de beaux cadeaux. Ils lui ont tous les deux envoyé une lettre. Franck a demandé une voiture télécommandée et Emma a demandé un nouveau vélo. Quand Franck se réveille le lendemain, il court réveiller Emma.

" Emma, vite, réveille-toi ! Les cadeaux doivent être arrivés ! " s'exclame-t-il. Il n'a pas besoin de le dire deux fois.

Emma se lève immédiatement et ils se précipitent tous les deux vers le sapin de Noël.

Comment penses-tu que Franck et Emma se sentent ? Ils sont . . .

excités

" L'anniversaire de Maman est dans deux semaines ", dit Papa. " Est-ce que tu as une idée de cadeau ? "

Alice ne sait pas. Qu'est-ce qui plairait à Maman ? Alice passe toute la soirée à réfléchir quand, finalement, une idée lui vient. Elle se souvient qu'à l'école, ils ont appris à faire des fleurs en tissu. Alors, Alice décide d'essayer de faire une broche en forme de fleur pour sa Maman. Elle demande à sa Maman de lui donner des restes de tissus. Elle trouve une broche cassée dont elle peut récupérer l'attache et elle reste dans sa chambre toute la soirée à travailler en secret.

La broche est très jolie. Alice a hâte de l'offrir à sa maman. Elle trouve une petite boîte et la décore joliment afin qu'elle ressemble à une véritable boîte à bijoux.

Quand Maman découvre enfin la broche, elle n'en croit pas ses yeux.

" C'est la plus belle broche que j'aie jamais eu ! " s'exclame Maman. " Et elle va parfaitement bien avec ma robe ! Il faut que je la porte tout de suite ! "

Comment penses-tu qu'Alice se sente ? Alice est . . .

fière

Tom a un copain qui s'appelle Pierre. Pierre habite à deux maisons de celle de Tom. La Maman de Tom lui permet donc d'aller chez son copain tout seul. Un jour, Tom rentre de chez Pierre quand il entend :

" Ouaf ! "

Tom reste figé sur place. Il ne sait pas quoi faire. Lentement, il se retourne. Derrière lui se trouve un affreux et énorme chien.

Comment penses-tu que Tom se sente ? Tom est . . .

effrayé

Louis rêve d'avoir un chien. Il n'arrête pas d'en demander un, mais Maman refuse toujours.

" J'ai trois enfants et un mari. C'est déjà bien assez pour moi ! " dit Maman.

Alors, Louis commence à croire qu'il n'aura jamais de chien . . .

Le matin de son septième anniversaire, il se réveille tout seul. C'est bizarre, parceque c'est un gros dormeur et Maman doit toujours lutter pour le réveiller. Mais pas cette fois. Quelque chose l'a réveillé. Mais quoi ? Louis entend du bruit près de son lit, il baisse les yeux pour regarder ce que c'est.

À côté de son lit, dans un petit carton, se trouve un magnifique chiot tout poilu. Louis n'arrive pas à en croire ses yeux.

Comment penses-tu que Louis se sente ? Il est . . .

heureux

C'est le jour du concert de Noël à l'école. Raphaël s'est vu attribuer le premier rôle dans la chanson que sa classe doit chanter. Raphaël connaît toutes les paroles par cœur et il se sent confiant.

Pourtant, quand les enfants montent sur scène, Raphaël est si effrayé qu'il en oublie toutes les paroles. La musique commence et Raphaël est censé se mettre à chanter, mais il ne parvient plus à se souvenir des paroles ! La musique s'arrête, puis recommence, mais il reste planté là sans savoir quoi faire. Raphaël ne se souvient vraiment plus des paroles !

Finalement, un garçon de la classe de Raphaël s'avance au micro pour l'aider à chanter.

Après le concert, Raphaël est très . . .

triste et honteux

C'est le jour du bulletin à l'école. Charles reçoit une enveloppe fermée de son professeur.

" C'est ton bulletin scolaire. Donne-le à tes parents s'il te plait ", dit le professeur.

À la maison, Maman décide de ne pas ouvrir le bulletin elle-même, mais d'attendre que la famille soit réunie pour le dîner. Elle souhaite le lire quand tout le monde sera à table.

Une fois le dîner terminé, Papa dit : " C'est le moment idéal pour regarder ton bulletin scolaire, Charles. Peux-tu me l'apporter ? "

Charles donne le bulletin à son papa. Il a des papillons dans le ventre.

Charles est. . .

excité/nerveux

Papa commence à lire le bulletin à haute voix :

" En lecture, Charles dépasse les attentes ! En écriture Charles... dépasse les attentes ! En maths, Charles... dépasse les attentes ! "

Alors que Papa lit, Charles se sent. . .

fier

Pour fêter l'anniversaire de Simon, Maman le laisse inviter tous les garçons de sa classe pour une fête dans le parc. Ils se sont bien amusés !

Un mois plus tard, il constate que ses copains font circuler les invitations pour l'anniversaire de Kévin et disent que la fête va être super. On dirait que presque tous les garçons de la classe ont été invités à cette fête. Tous sauf Simon . . .

Comment penses-tu que Simon se sente ? Il est . . .

triste

Vous avez aimé notre histoire ? Nous serions RAVIS de savoir ce que vous en avez pensé.

Merci de laisser votre avis !

CONFUS

EXCITÉ

CONTENT

FIER

EFFRAYÉ

EN SÉCURITÉ

DÉGOÛTÉ

TRISTE

EN COLÈRE

HONTEUX

AIMÉ

REMPLI DE JOIE

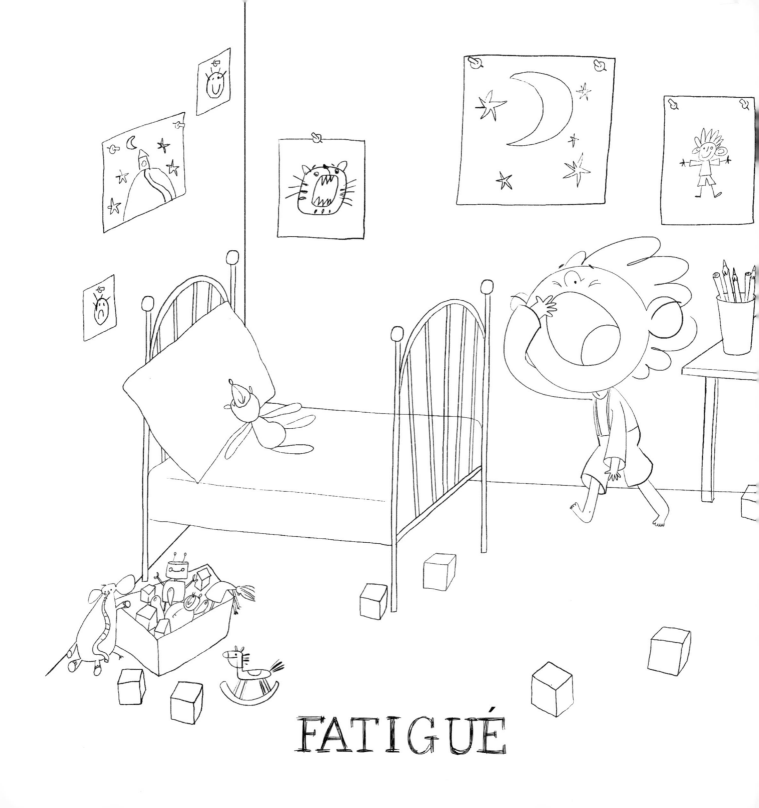

FATIGUÉ